DAGUERROTYPE

DE 1840.

HAVRE. — Madame HOUDAILLE, libraire, rue de Paris, 51.

ROUEN. — M. BOULLI, libraire, Grande-Rue, 67.

INGOUVILLE. — Bureau du journal *l'Arrondissement du Havre*.

GRANVILLE. — Bureau du journal chez M. Noël Got, éditeur.

(L' Algérie.)

(L' Espagne.)

DAGUERROTYPE

DE 1840.

—◆—

L'ESPAGNE, L'ALGÉRIE ET L'ORIENT.

PAR

N. DE LONRÉVEIL ET A. ISABELLE (du Hâvre).

PRIX : 1 FR. 30 C.

PARIS,

DELAUNAY, LIBRAIRE, AU PALAIS-ROYAL.

1840.

(L'Orient.)

(L'Algérie.)
DAGUERROTYPE de 1840.
(Midi.)

(L'Espagne.)
Lith. Deshayes, rue Grenétat, 46. Paris.

DAGUERROTYPE

DE 1840.

◆

L'ESPAGNE, L'ALGÉRIE ET L'ORIENT.

PAR

N. DE LONRÉVEIL ET A. ISABELLE (du Hàvre).

PRIX : 1 FR. 30 C.

PARIS,

DELAUNAY, LIBRAIRE, AU PALAIS-ROYAL.

1840.

DAGUERROTYPE

DE 1840.

Je revenais d'une longue course, les pieds assez chauds mais passablement las de mes socques. Or, je me trouvais encore sur le boulevart Italien au coin de la rue Richelieu, aussi éloigné de ma chambre, que le point sus-dit l'est du Panthéon.

Diable! pensai-je, qu'il n'y eût pas dans Paris, sur aucune direction, un moyen possible de prendre le moindre chemin de traverse! c'est vexant.

Tout en disant cela, au lieu de me diriger par la rue Richelieu, je pris le boulevart Montmartre;

puis encore, au lieu de prendre à droite par la rue Neuve-Vivienne, je montai jusqu'aux passages des Panoramas.

Au fait, rien ne m'empêchait de sortir par la galerie Montmartre à la rue de ce nom, et je n'eusse pas fait un pas de trop; mais point du tout, la paresse d'arpenter une si énorme distance me laissa indécis. Il est vrai que j'étais ce jour-là d'une incapacité incompréhensible pour moi-même, tout habitué que je doive être à cet état à peu près normal de ma capacité.

Donc, je me pris à regarder de droite et de gauche les restes traditionnels du jour de l'an, en sorte qu'on m'aurait pris pour un flaneur, bien que je sois l'être de Paris qui ait le moins la possibilité de se livrer à un tel excès. Tout en avançant pas à pas, et regardant stupidement, sans intérêt comme sans curiosité, j'arrivai au bureau de tabac dont la vue me suggera l'excellente idée d'acheter un cigarre de quatre sous pour diminuer l'ennui de ma longue pérégrination. J'achetai le cigarre, je l'allumai, et prenant mon parti en brave, je sortis des passages sur la place de la Bourse.

J'y étais à peine, que je fus obligé d'accélérer le pas pour faire place à l'Hirondelle-omnibus. Cette voiture passe à très peu de distance de ma porte; avec dix centimes de plus que mon cigarre ne m'avait coûté, j'y aurais pris place, et je serais arrivé chez moi confortablement assis.

Mais c'était fait, je ne pouvais pas jeter mon cigarre, et je me dédommageai de mon défaut de calcul, en pensant que j'étais susceptible d'une pensée, chose qui, auparavant, me paraissait impossible.

Semblable à un tuyau de bateau à vapeur, je laissais aller la fumée de mon cigarre sans m'inquiéter de quel côté le vent l'emportait, lorsque je fis la rencontre d'un ami qui contemplait au coin de la rue de la Bourse un des premiers essais du Daguerrotype.

— Je ne reconnais pas les objets, me dit-il, en me montrant l'épreuve.

— C'est assez sombre, répliquai-je; le soleil n'était pas brillant ce jour-là.

— Savez-vous si cette machine rend toutes sortes de perspectives?

— Au lieu de répondre, je me rappelai soudain que j'avais sur le chantier une brochure, sous le titre de *Perspective de 1840*, et que ma production pouvait fort bien être aussi peu saillante que le tableau que nous regardions. Donc, le titre *Daguerrotype* serait beaucoup plus propre que *perspective*. Je fis part à mon ami de l'objet de mon absence momentanée.

— Vous faites une brochure? me dit-il.

— Oui, je crains seulement de manquer d'étoffe; elle sera trop courte.

— Je vous en fournirai.

— Volontiers.

Et nous fîmes le Daguerrotype de 1840.

L'ESPAGNE. — L'ALGÉRIE. — L'ORIENT.

Depuis que la diplomatie traite, que le canon gronde ou n'attend que le contact de la mèche pour tonner ; depuis que les hommes sont ambitieux ou prévoyans, sages ou étourdis, rusés ou téméraires, il n'a pas paru sur la terre une ère plus propre à mettre en action les choses et les vertus sus-dites que celle où nous vivons. C'est à un tel point, que si nous n'étions usés jusqu'à la curiosité qui part déjà en lambeaux, et nous laisse en proie aux bâillemens et aux haussemens d'épaules, il y aurait de quoi piétiner d'impatience pour voir arriver le moment où le monde, gros d'événemens extraordinaires, devrait la satisfaire, en lui mettant sous les yeux ce qu'elle est intéressée à connaître, et dont elle se soucie fort peu ; tant elle est lasse d'attendre et de ne voir arriver autre chose que ce qu'elle n'attend pas.

Au fait, on l'userait à moins. Voyez plutôt cette éternelle, ou plutôt simpiternelle Espagne ; voyez l'Afrique, l'Orient, et demandez-vous s'il s'est jamais joué des parties d'échecs plus longues et plus ennuyeuses.

FICTION DU GOUVERNEMENT REPRÉSENTATIF EN ESPAGNE.

J'émets une conviction avec la presque certitude qu'elle ne sera pas généralement partagée ;

au contraire, je sais d'avance que peu de lecteurs seront de mon avis ; mais cette conviction est tellement gravée dans mon esprit, elle a été tellement soutenue et alimentée par les événemens depuis vingt ans, que je crois devoir m'exposer au désagrément d'un insuccès en la présentant comme un point de vue qui, après tout, pourrait, sans miracle, changer de direction les télescopes politiques.

La volonté d'une nation est irrésistible, on le sait, ou, pour le moins, on se plaît à le reconnaître. Le respect, l'adhésion à la volonté de la nation, sont le principe de droit naturel le plus inviolable. Loin de contester ce principe sacré, tous les partis le réclament comme une espèce de sanctification pour leurs prétentions. Cependant, il n'est pas probable qu'une nation veuille deux et souvent plusieurs choses contradictoires. Comment faire pour démêler ses véritables intentions à travers les boulets et la mitraille de deux partis qui se foudroient en honneur de la volonté nationale, et qui la couvrent de deuil pour son bonheur ? Vraiment, ce n'est pas aisé ; mais aussi aucun parti ne se met en peine de vérifier la réalité de ces intentions qu'il invoque. Il croit qu'elles sont telles qu'il se les est imaginé ; cela lui suffit ; et, si quelque symptôme vient à se présenter pour ébranler sa persuasion, ce symptôme contradictoire n'annonce pas que la volonté de la nation soit autre que celle qu'il lui suppose ;

au contraire, ce n'est qu'un signe évident que la nation n'est pas libre de vouloir ce qu'elle veut.

Malheureusement, ce raisonnement sent un peu trop le paradoxe, et il ne serait peut-être que plus juste si, au lieu de *n'est pas libre de vouloir*, on supposait qu'*elle ne sait pas ce qu'elle doit vouloir*. Pour le moins, cette dernière supposition aurait l'avantage d'être un peu plus rationnelle. Un envoyé d'une cour du nord près celle d'Espagne l'a adoptée en certaine occasion, et l'a exprimée en ce peu de mots : « Demandez-nous ce que les Espagnols ne veulent pas, et je répondrai sur-le-champ : Ce qu'ils veulent, ils l'ignorent eux-mêmes. »

Cette réponse est d'autant plus juste, que la nation espagnole sait vouloir, et que, dans l'espace de cent ans, elle a prouvé, par deux exemples les plus éclatans qu'une nation puisse donner de la fermeté de son caractère, que quand elle sait vouloir, elle veut, et que quand elle veut, elle sait arriver à ses fins. Faut-il rappeler la guerre de la succession et le triomphe de Philippe V, dû, sans contestation, à la préférence que les Espagnols donnèrent à ce prince sur l'archiduc, et au dévoûment héroïque avec lequel ils soutinrent ses intérêts contre les forces autrichiennes et anglaises réunies? Faut-il rappeler la guerre de l'empire? Mais ici, il est vrai, plusieurs causes étrangères vinrent au secours de la cause nationale; sans quoi, nous le savons, le résultat en eût été différent ; mais la volonté nationale ne se montra pas moins dans des efforts persévérans.

Toutefois, prenons acte que les Anglais, sans compter les glaces de la Russie, contribuèrent puissamment à empêcher que ces vertueux efforts ne fussent pas en définitive tout aussi malheureux.

La nation espagnole sait donc vouloir, et quand sa volonté ne se montre pas clairement, hautement, énergiquement, c'est, ne nous en déplaise, que cette volonté n'existe pas. Que, si l'on m'objecte que des obstacles invincibles peuvent s'opposer à l'accomplissement des vœux d'une nation, je répondrai, sans contester la vérité possible de cette observation en thèse générale, qu'elle est sans force à l'égard des Espagnols, dont les vœux supposés auraient pu être, au contraire, couronnés par un succès complet, si ces vœux avaient été formés.

Aux faits.

Au moment où ils virent la fin d'une lutte inégale, soutenue avec un courage infatigable pendant six ans par la nation, des Espagnols instruits, distingués, songèrent que c'était une conjoncture précieuse pour reconstruire l'édifice social, en se rappelant sans doute que les vices de sa construction, tel qu'il avait été, avaient failli le faire crouler. Donc, tandis que le ciel de Russie arrêtait la marche triomphale des guerriers français, et que les effets de leur désastre se faisaient sentir en Espagne, au grand contentement des Anglais, qui purent enfin respirer et cesser de battre en retraite, les Espagnols susdits promulguèrent une constitution sur les bases les plus larges du libéralisme le plus avancé. Sans discuter l'opportunité ou l'inopportunité de la constitution des cortès de Cadix en 1812, nous nous bornerons à observer que ces représentans des différentes provinces durent être parfaitement convaincus qu'ils faisaient honneur à leur mandat, qu'ils exécutaient la volonté de leurs commettans, et qu'en un mot ils venaient d'assurer leur bonheur, en adhérant à la réforme prodigieuse dont les cortès s'étaient avisées de doter la nation. Qu'en arriva-t-il?

Que Ferdinand renversa d'un seul mot, et sans la moindre opposition, le superbe édifice, en remettant le pied dans son royaume. Loin de lui faire des représentations ou des remontrances, ses fidèles sujets volèrent au-devant de lui, ivres de bonheur, coupèrent les traits de son carrosse, et se constituèrent ses chevaux de poste. Les créateurs de la constitution furent arrêtés et mis en cause, à l'exception de ceux qui purent s'expatrier. Or, il est clair que rien de tout cela ne fût arrivé, si la nation avait tenu le moindrement aux nouvelles institutions, ou, tout au moins, si elle ne leur eût préféré son roi.

Il est vrai que, suivant les réformateurs eux-mêmes, la nation n'aurait guère pu goûter les premiers fruits de la constitution que dans dix ans, et l'on cesse de s'étonner de la voir préférer le retour de son roi, fruit de six années de persévérance, de désastres et de sacrifices, aux fruits assez futurs des nouvelles institutions.

Cependant, la nation espagnole a pu avoir tort dans cette occasion, nous ne nous y opposons pas, nous nous attachons simplement à exposer les signes qu'elle a donnés de bonne ou de mauvaise volonté pour un changement de système.

Poursuivons.

Assis sur son trône, de retour de l'exil, Ferdinand ne parut pas extrêmement sensible aux nobles efforts de ses Espagnols pour parvenir à le ramener. Des plaies encore saignantes à cicatriser, des larmes à sécher, des infortunes à relever, s'offraient à chaque pas à sa reconnaissance royale ; mais sa reconnaissance appartenait toute et exclusivement, dit-on, aux moines ; c'est-à-dire que c'était le cas, ou jamais, de s'apercevoir que l'on avait fait une bêtise de préférer un ingrat aux bienfaits assurés, quoiqu'un peu éloignés, de la constitution. Mais, patience ! laissez faire ; tout sera réparé à la première occasion favorable.

Point du tout.

En 1815, insurrection *militaire* à la Corogne, en Galice. Silence, circonspection de par la na-

tion. On sévit contre les coupables. Les uns s'ex-
patrient, d'autres sont victimes de leur élan.
Puis, silence ! car l'Inquisition s'est réveillée: ce
terrible tribunal, qui n'existait que de nom depuis longues années, parce qu'il n'y avait plus
ni Juifs ni Maures en Espagne, a dressé l'oreille
au bruit du maillet maçonnique. Silence ! encore
un coup. Attendons une meilleure conjoncture.

En 1816, vers le mois d'octobre, on aperçoit
une tête rouge au bout d'une perche, plantée en
face de la place des Taureaux, à Madrid.

— A qui cette tête?

— Au fameux Richard.

— Fameux? J'entends son nom pour la première
fois.

— Il n'en était pas moins le principal instru-
ment de l'entreprise Renovalès.

— Qu'est-ce que c'est que Renovalès et son
entreprise?

— Vous paraissez assez arriéré de nouvelles.

— C'est possible. Mais encore.....

— Patience ! silence.

Et la tête du commissaire des guerres Richard
fut le seul signe visible de l'invisible et incompréhensible expédition Renovalès.

En 1818, le brave général Lacy apparaît chef
d'une insurrection *militaire* en Catalogne. Gare !
le nom de ce digne général vaut à lui seul dix
mille hommes. Pour le coup, c'est une affaire
sérieuse.....

Nonobstant, l'affaire manque, Lacy est jugé et conduit nuitamment à une des Baleares, pour y être exécuté ; car Lacy est généralement estimé, chéri , et, indépendamment de toute passion politique, sa mort pourrait produire un très-mauvais effet.

Point; Lacy est mort, et tout rentre dans le calme.

Dans l'été de 1819, un grand nombre d'officiers de l'armée expéditionnaire d'outre-mer sont arrêtés, au port de Sainte-Marie, par le chef de l'expédition, le comte de l'Abisval. Des bataillons sont désarmés, on s'en étonne, mais on reste tranquille...

En décembre de la même année, les officiers arrêtés sont mis en liberté par leurs frères d'armes. A la tête de ces derniers est Riégo, qui, au moment de leurs arrêts, suivait le comte de l'Abisval en qualité de son aide-de-camp.

Pour cette fois, c'est une insurrection sérieuse, mais encore *militaire*. Son premier but, qui était de s'emparer de Cadix, ayant manqué par le défaut de résolution du chef nominal Quiroga, on se retire à l'île de Léon; mais Riégo, véritable chef des insurgés, en sort à la tête de quelques troupes d'élite pour inviter les Andaloux à se joindre à eux.

Il sort, il traverse des populations, mais personne n'en est ému. Après maint combat contre les troupes royales, il finit par rester seul, seul ! forcé à s'expatrier...

Cependant, le roi a accepté la constitution, en se rendant aux vœux du peuple qui la lui demandait à grands cris.

Dieu en soit loué !

Cette nouvelle met fin aux conflits, aux collisions. Les esprits espagnols, désormais unis d'opinion, peuvent se reposer sur la sagesse de leurs cortès où siégent les hommes les plus notables qui ont voulu les régénérer. Tout marche d'abord à souhait. C'est un spectale magnifique que celui d'une nation naguère en proie aux convulsions politiques, et tout-à-coup unie de vœux et d'intérêt. Tout est devenu constitutionnel, les prêtres, les moines, le roi lui-même. Voyez plutôt ses décrets et l'auguste esprit de liberté qu'ils respirent. Eh bien ! cette étonnante révolution n'a pas fait couler une seule goutte de sang : preuve indubitable de l'unanimité nationale.

« Par conséquent, messieurs de l'île de Léon, dirent alors les législateurs, la nation vous remercie de lui avoir appris à *vouloir* et à marcher franchement dans la voie des réformes. Elle n'a plus désormais besoin de vous ; tous les Espagnols sont des soldats, et rien n'est plus inutile qu'une armée permanente. Allez donc vous reposer à l'ombre de vos lauriers. »

Ayant ainsi parlé, les législateurs se prirent à législaturer fort tranquillement, bien convaincus qu'ils n'avaient pas plus besoin de militaires que de moines, lesquels effectivement reçurent leur

congé tout de suite après les militaires. Cet épou-
vantable hyppaliage prouve combien l'unanimité
de la nation était chose assurée aux yeux des législateurs, sans quoi, bien certainement, ils eussent commencé par mettre à la porte les corps
prédicans avant de donner la clé des champs aux
militans.

Quoi qu'il en soit, les suites soit de cela ou de
n'importe quoi, montrèrent bientôt qu'il ne fallait
pas s'appuyer uniquement sur la prétendue unanimité nationale. Des partis commencèrent à se
montrer par ci par là ; mais c'était peu inquié-
tant. Les gardes nationales et la force militaire
conservée étaient plus que suffisantes pour veil-
ler au maintien de l'ordre et à la garde des institutions. Malheureusement, on se trompa encore. L'armée ne se recrutait pas, parce que les
provinces unanimes refusaient unanimement leur
contingent d'hommes ; les gardes nationales ap-
pelées *volontaires* étaient brillantes de valeur et
touchantes de dévoûment ; mais elles étaient
peu nombreuses, et il fallut réchauffer le patrio-
tisme national par une loi qui renforçait le petit
nombre de volontaires de tout ce qu'il y avait de
mauvaise volonté, c'est-à-dire de trois quarts en
plus d'hommes en état de porter les armes.

Ce moyen presque fabuleux, de se donner des
gardes, produisit un effet immédiat ; ce fut que les
factieux, qui commencèrent à croître, à se mul-
tiplier se trouvèrent là, tous armés, et prêts à

recevoir les ordres de leur curé ou de tout autre unanime du même accabit. Peu à peu l'unanimité devint réelle en ce sens que la nation se
révolta presque en entier contre les institutions
et contre les instituteurs.

Les constitutionnels finirent par être débordés,
et quand nous jugeâmes à propos de nous en mêler, nous aurions pu fort bien nous en dispenser,
attendu qu'ils étaient aux abois.

Cette nation, ci-devant acharnée contre nous,
nous reçut à bras ouverts. Nous ne fîmes qu'une
promenade militaire. L'armée espagnole, vu sa
faiblesse numérique et son isolement, ne pouvait
guères faire mieux qu'elle ne fît. Il faut convenir
que si le peuple espagnol s'était vraiment senti
une velléité de représentation nationale, supposition bien gratuite en vérité, cette velléité aurait été bien différente de la volonté qu'il avait
montrée contre l'Empire...

Disons-le, toutefois, des réformes étaient né-
cessaires en Espagne, des esprits éclairés en sen-
taient le besoin, les désiraient et les eussent ac-
ceptées avec joie, n'importe d'où elles fussent
venues, si elles étaient arrivées sans le cor-
tége funeste de l'exaltation. C'est l'exaltation,
c'est l'exagération qui les ont empêchées de s'y
introduire, et qui les chasseront toutes les fois
qu'elles s'y présenteront, car l'exaltation en Espagne, au moins à cet égard, n'est que l'esprit
de malaise, le besoin du bien-être. Créez en Es-

pagne autant de places qu'il y a d'hommes sans profession et sans patrimoine, et vous verrez que les institutions marchent sans obstacles. Les esprits remuans en tout autre sens y sont en très petit nombre, et ils seraient bientôt réduits au silence par le sentiment de leur propre nullité.

Cependant, nous devons le reconnaître, l'Espagne ne reviendra jamais ce qu'elle a été; jamais les Espagnols ne se remettront en possession du bonheur paisible dont ils jouissaient avant l'invasion de l'empire. Ce n'est pas pourtant la guerre dite de l'indépendance qui le leur a ôté; au contraire, il ne l'eussent retrouvé que plus pur à la fin, si les Cortès de 1812 ne leur eussent montré l'arbre de la science du bien et du mal. C'est là le péché originel de l'Espagne. Avant, avec tous ses vices de gouvernement, avec ses moines, ses voleurs et ses potences, l'Espagne était un vrai paradis. Dans cet heureux pays, les grands désastres étaient ignorés de même que les grands crimes. Désormais, ce ne sera plus que le paradis perdu; tandis que sans ce malheureux péché originel, le cœur de Ferdinand eût éprouvé sans aucun doute le besoin de dédommager ses braves Espagnols de leur sublime dévoûment, et des sacrifices immenses faits pour sa cause; il n'y eût pas eu motif de s'entre-haïr, s'entre-déchirer; l'Inquisition ne se fût pas réveillée; tant d'horreurs, tant de désastres n'eussent pas eu lieu. Mais arrêtons-nous là, constatons que :

Depuis cette chute fatale de l'état d'innocence à l'état de *lumières,* jusqu'au décret d'Andujar, 4 octobre 1833, la nation, loin d'avoir donné des marques de sympathie pour la constitution de Cadix, a vu son abrogation avec une profonde indifférence d'abord, et l'a combattue ensuite avec toute son énergie.

Constatons que les troubles en Espagne, depuis 1815 jusqu'à la même époque 1823, ont pris naissance dans l'armée malheureuse, négligée, abandonnée impitoyablement pour prix de ses services ; cette ingratitude de Ferdinand envers ses généreux champions ne prouve pas l'adhésion du peuple espagnol à ces institutions qui ne leur ont été constamment offertes et, en définitive, données que par des militaires.

Cependant, la partie saine de la nation, toujours paisible, réfléchie, passe condamnation sur les formes, et accepte le gouvernement de fait, n'importe lequel, tremblant à l'idée d'une réaction, et préférant des inconvéniens, même des vexations à la hideuse anarchie qui lui a fait éprouver tant de maux. En conséquence, ses provinces nomment des députés qui, certes, ne sont jamais ses véritables mandataires que quand ils sont modérés, et qui ne le sont nullement quand ils sont exaltés. C'est un fait très simple : tout homme qui n'est pas en état de domesticité

peut être électeur. C'est donc chose très facile que
de s'assurer des votes. Et cependant, nous avons
vu que la modération l'a presque toujours emporté.

Le refus de l'impôt, dont nous nous sommes
naguère plus à peindre le gouvernement espagnol menacé , est encore une pure fiction ,
par la raison que la contribution directe elle-
même a toujours été une fiction en Espagne, ce
qui ne conteste pas la réalité du fait, mais sa
nullité. Il suffit que quelques jeunes têtes espa-
gnoles y aient vu une imitation de nos idées,
pour que cela ait eu lieu, ce qui cependant n'a
pas été. Lisez plutôt les journaux de Madrid.
Vous ne savez pas la langue ? N'importe, vous les
lirez à merveille, aussi facilement que s'ils
étaient écrits en français, aussi facilement que
les journaux de Paris, sur lesquels ceux de Madrid sont calqués.

Oui, l'esprit d'imitation a causé en grande
partie, pour ne pas dire essentiellement, les mal-
heurs de l'Espagne. L'esprit d'imitation qui est
un penchant naturel et louable quand il ne fran-
chit pas les bornes d'une émulation noble, mé-
thodique, sensée, devient une véritable folie
lorsqu'il s'élance dans le vague de pures rêve-
ries. La société espagnole n'est point organisée
comme la nôtre ; ses besoins sont beaucoup
moindres, grâce à son heureux climat ; en quoi
nos discussions, nos débats, nos allures politiques
pourraient-ils lui convenir ?

2

Sans doute, notre intérêt à nous serait que l'Espagne marchât à grands pas sur nos traces ; nos relations n'en seraient que plus franches, plus amicales, disons-le, plus naturelles. En vertu de cet intérêt incontestable, nous avons dû profiter de toutes les occasions de lui inspirer nos idées ; mais nous lui avons trop donné à la fois, nous avons abusé de son élan, de son zèle, nous l'avons trop poussée ; elle s'est élancée en aveugle dans une carrière immense obstruée de mille obstacles et barrières ; pas à pas, elle les eût tous franchis, et serait beaucoup plus près de nous ; tandis que, pour avoir voulu les franchir d'un bond, elle se trouve, hélas ! encore bien éloignée, sans compter qu'elle marche en chancelant, incertaine sur sa direction, aveugle sur le but qu'elle ne saurait apprécier, attendu que pour le moment elle ne peut encore calculer les avantages qu'elle retirerait de l'atteindre. En applaudissant à ses vains efforts, nous l'avons encouragée à s'exposer à faire des chutes, nous avons retardé ses progrès.

Il est vrai qu'en cela, nous avons agi trompés par de fausses apparences. Nous nous sommes fondés sur l'esprit, sur la capacité, sur la bravoure qui appartiennent incontestablement aux Espagnols, et nous avons supposé ces précieux élémens de progrès en élaboration pour le grand but. C'est ainsi qu'en 1834, à l'apparition du prétendant au milieu des siens, notre pouvoir reçut de

la presse plus d'un avis, plus d'une instante prière
de ne se mêler en aucune manière des affaires
des Espagnols, et de les laisser s'arranger comme
ils l'entendraient. Cependant nous convenons
aujourd'hui que dix mille hommes auraient alors
suffi pour arrêter les progrès de la guerre civile.
Pourquoi tenions-nous donc tant à rester neu-
tres? Parce que nous craignions que le gouvernement espagnol ne fût appuyé contre l'exaltation qui le harcelait. C'était juste ce qu'il fallait,
c'était juste ce que nous redoutions.

Sans nous astreindre aux temps de troubles,
nous osons assurer qu'il n'est pas d'êtres plus
malheureux, dans toutes les époques de la vie,
que les gouvernemens espagnols. C'est une chose
remarquable, et qui doit entrer en ligne de
compte pour pouvoir apprécier le mérite des
ministres espagnols en proie à l'esprit de critique
qui constitue le caractère saillant de la nation.
Notez que la critique est presque toujours juste
en principe; mais, eu égard à la position du haut
fonctionnaire qu'elle attaque, elle n'est qu'in-
considérée et souvent cruelle. On le sait, mais
n'importe : la critique forme, en Espagne, une
partie essentielle de l'existence ; c'est un moyen
assuré de se montrer capable, instruit, érudit.
On se fait valoir aux dépens de celui que l'on
juge; puis, on n'a guère rien de mieux à faire.
Jugez maintenant de ce qui doit en être en temps
de crises politiques. Dieu lui-même serait criti-

qué, et ferait des mécontens : car tel est la pro-
pension au mécontentement et à la critique, que
le Créateur de toutes choses lui-même est souvent mis en cause à propos de la plus légère con-
trariété. Et ne croyez pas que ce soit une manière de parler, une habitude d'être en commerce privé avec l'Être-Suprême ; point du tout,
quand on le dit, on est fermement persuadé que
Dieu a mal fait en n'arrangeant pas les choses
autrement.

Maintenant, ce serait une grande erreur que
de croire à un prochain arrangement des affaires
de ce bel et malheureux pays par le dénoûment,
fût-il moins problématique, des prétentions jus-
tes ou injustes, bien que nous n'hésitions pas à
déclarer que nous les croyons infondées, du prétendant. La guerre civile sera terminée, que les
dissensions nationales recommenceront de plus
belle. Voulez-vous y mettre fin ? Opérez le miracle des noces de Cana, suivant l'expression
d'un noble député ; faites de trois, trois mille ;
de cinq, cinq mille. Avez-vous ce pouvoir ? cou-
rez-y. Ne l'avez-vous pas ? tant pis. Vos vœux seront stériles, quelle que soit la fin que vous de-
mandiez. Je vous le répète, à part quelques exal-
tations de jeunesse et d'entraînement, chacun
ne vise, en Espagne, qu'à un but : bien-être et
considération. C'est, du reste, le but de tous les
hommes par tous pays. Or, on ne saurait pas l'atteindre par des voies aussi diverses.

Aussi, l'avenir de l'Espagne est-il encore fort loin. Le seul moyen de rendre ce pays heureux, ce serait de le régénérer, rien moins que cela. Portez-y le commerce et l'industrie, faites qu'on les y honore, et les générations futures sauront vivre indépendantes avec leur travail. Pour le moment, quel est votre espoir? Supposez le parti que vous voudrez triomphant; son adversaire restera sur le pavé. Les difficultés sont toutes renfermées dans cette fatale vérite, en écartant toutefois l'incident de la succession.

A cet égard encore, tout n'est pas dit. La cause d'Isabelle a eu le dessus par un événement presque étonnant, bien que depuis long-temps on l'ait cru possible, sans le prévoir positivement. Les affaires du prétendant ont commencé à décliner du moment où il a fait venir sa femme. Dès ce moment, des divisions se manifestèrent dans son parti. Les prédilections, le favoritisme de cour formèrent des rivaux qui ont fini par devenir des ennemis. Ce n'est pas dire que la cause d'Isabelle n'eût pas triomphé plus tard, nous la croyons juste, et sans doute elle l'eût emporté à la fin, mais pas de sitôt. Telle est l'opinion générale en Espagne. Philippe V y a importé la loi salique, Charles III l'a abolie : voilà tout. C'est un dernier testament qui en annulle un autre antérieur. C'est pourquoi la sympathie de la nation pour la personne de Don Carlos a été stérile pour sa cause; elle n'y a pas trouvé d'appui. Ses expéditions ont parcouru le pays sans se faire de partisans. Don Carlos a été lui-même aux portes de Madrid , et a été obligé de rétrograder. Si le peuple espagnol eût été pour lui, il serait entré dans sa capitale sans coup férir.

On m'objectera peut-être que ce peuple n'a rien fait non plus pour la cause d'Isabelle : c'est une erreur. La nation l'a soutenue de tout l'appui qu'elle a refusé à son adversaire ; elle a combattu puissamment ce dernier par son inertie. Sans la conjoncture précieuse qui lui a été offerte par la coïncidence du ressentiment des provinces basques à propos de leurs *fueros,* peut-être le prétendant n'eût-il pas trouvé le même nombre de partisans qui se sont d'abord levés en sa faveur. C'est même assez probable qu'il ait dû leur assistance à l'illustre Zulamacarregui. Sans le talent et l'influence de ce grand homme de guerre, il eût échoué tout d'abord.

Cependant, cela ne prouve pas qu'il ait renoncé à ses prétentions, et tant qu'il n'y renoncera pas , la guerre civile n'est pas finie en Espagne. Quand on aura terminé avec Cabrera, qui, par paranthèse, prouve, ainsi que l'avait prouvé Zulamacarregui, que la nature espagnole n'est pas entièrement privée de son ancienne sève, un autre lui succédera plus tôt ou plus tard. Le plus intéressant pour cette malheureuse nation serait donc de parvenir à dominer le parti qui empêche l'union des esprits et la coopération à un même but. Or, cela n'aura jamais lieu tant que le gouvernement espagnol ne sera pas assez fort pour réprimer l'exaltation. C'est de la dernière évidence. Ce qui a le plus nuit à la cause constitutionnelle en Espagne, de 1820 à 1823, ce furent les *communeros*. Que signifiaient-ils ces *communeros* sans communes? Pure comédie, imitation, en partie, et en partie mécontentement et mal-aise. Si, au lieu de chausser le coturne et de bigarrer leur chapeau d'un ruban jaune où l'on lisait : *la constitution ou la mort*, ils eussent aiguisé leurs poignards en imitation des Padilla et des Bravo, véritables *communeros*, qui ne perdirent la liberté qu'en perdant la vie, il n'y aurait rien à dire; mais point : dès que les Français parurent la pièce fut terminée, et les chapeaux restèrent uniformement noirs.

L'adhésion des militaires, en Espagne, aux institutions libérales serait une aberration si ce n'était pas une fiction manifeste. A la fin de la guerre de l'indépendance, quatre ou cinq mille officiers retournèrent de France dans leur patrie. Cependant, les cadres de l'armée étaient au complet, et il n'y avait pas de possibilité, pour le moment, de les remettre en possession de leurs places. Le trésor étant épuisé, on ne pouvait pas même leur donner la demi-solde, et l'on établit des dépôts, où ils étaient logés et vivaient de la ration. Dans cette situation, ils regrettaient la France et leurs chaînes; ils au-

raient préféré d'être restés prisonniers toute
leur vie. C'était la chose la plus naturelle du
monde. Mais ce n'est pas tout, le plus grand
nombre d'entre eux avait appris assez la langue française, au moins pour lire nos livres et
nos journaux. Leurs pensées s'étaient étendues,
ils s'étaient instruits et en comparant dans leur
imagination l'état de choses à ce qu'il eût été si
la constitution avait prévalu, ils se sentirent partisans, admirateurs passionnés des Cortès.

D'un autre côté, les officiers de l'armée, en
activité, n'étaient guère mieux traités que leurs
confrères en dépôt, et ils se prirent, à leur tour,
à imaginer, qu'il n'en eût pas été ainsi, si Ferdinand eût reconnu la constitution, et se fut oc-
cupé d'eux au lieu de donner son temps et son
argent aux moines. Cette idée, une fois adoptée,
ils firent des vœux pour un changement; et ce
changement ne pouvant être que de l'absolu au
constitutionnel, ils se trouvèrent partisans de la
Constitution.

De là, les insurrections qu'on a vues, toutes
militaires, jusqu'à celle de l'armée expéditionnaire, qui n'avait pas les mêmes motifs, vu
qu'elle ne manquait de rien, qu'elle avait même
le superflu, et que sa superbe tenue rappelait le
souvenir des plus beaux corps français. Comme
ces motifs tiennent à des causes secrètes dont la
moralité appartient à l'histoire, nous n'y touche-
rons pas. Nous observerons seulement :

Que, de ce moment, la cause libérale devint une cause militaire;

Que l'armée espagnole l'embrassa avec ardeur pour le salut de ses frères d'armes, qu'elle a soustraits au bourreau, et dans l'espoir d'une amélioration de fortune;

Qu'enfin, elle l'a soutenue par honneur.

Voilà l'histoire et la fiction : car, le militaire en Espagne étant un être privilégié, favorisé aux dépens du citadin, il est clair que le militaire combattait contre ses intérêts politiques et matériels, à part la situation du moment.

L'enfantement de la constitution en Espagne n'a été elle-même qu'une fiction ressortant du désir d'imitation.

Avant notre grande révolution, la connaissance de la langue française n'entrait que dans les grandes éducations; c'est dire qu'elle était peu commune en Espagne. Par la présence de nos nombreux émigrés, on eut l'occasion de l'acquérir à moins de frais et presque tout naturellement. La langue française y devint donc à la mode et presqu'une partie essentielle de la bonne éducation. Bientôt il se trouva peu de personnes instruites dans chaque ville qui ne fussent en état de lire nos livres et de goûter nos idées, comme ils adoptaient nos modes, notre redingote citoyenne, et même notre carmagnole.

Mais tout cela ne touchait en rien la masse de la nation, qui restait dans toute son ignorance;

et qui écoutait, tout édifiée, les anathèmes fulminés journellement par les prédicateurs contre Voltaire, Rousseau et leurs lecteurs. C'est de ce moment, dit-on, que la décadence du respect pour les religieux réguliers commença à se faire remarquer dans la classe moyenne, dite éclairée. Cependant il ne faut pas se figurer que ce commencement de rancune contre les moines eût d'autre portée que celle d'une aversion ordinaire contre tout ce qui tend à contrarier nos goûts et nos passions; pas du tout. L'élégance des modes françaises rendait les jeunes gens plus dangereux pour les jeunes filles. Les moines mettaient en garde les mères contre la séduction, leurs filles étaient plus gardées, devenaient plus difficiles, plus circonspectes. Les livres défendus, et que l'on ne dévorait que mieux, commencèrent à être recherchés par les familiers du Saint-Office; mais tout en resta là. Peu à peu on s'habitua aux culottes collantes, aux robes décolletées; et, voyant même que la lecture des philosophes français ne produisait d'autre effet remarquable que de rendre plus folles quelques jeunes têtes, on cessa de s'en mettre en peine. Le calme et la sécurité n'avaient pas été le moindrement altérés. Les moines devinrent économes de diatribes, de cris et de gestes, et tinrent le tout en réserve pour les prédications obligées du carême.

Cependant, c'est un fait, les Espagnols devinrent nos imitateurs de corps et d'esprit, et cette tendance ne fît que s'accroître par l'instruction, qui devint fort commune, par l'esprit de critique qui est un penchant irrésistible et une affaire en Espagne, et par les résultats des comparaisons, qui, suivant eux, nous étaient favorables, mais sans d'autres conséquences. Les esprits, vains de leur instruction, étonnaient leurs amis par leur prodigieuse mémoire, par leur vaste érudition, et les laissaient convaincus que si de tels hommes gouvernaient la monarchie, la nation ne pourrait que devenir la plus puissante de l'Univers.

Or, quand en Espagne on a obtenu ce but, on a sa place assurée au temple de l'immortalité. Être homme instruit, homme érudit, beau parleur, c'est le *nec plus ultra* de la grandeur humaine, n'eût-on pas d'ailleurs le sens commun ; le désir d'atteindre à ce point culminant d'illustration, est un mobile puissant d'émulation.

Eh bien ! si ce n'est pas juste, c'est naturel. Rien n'approche de l'admiration et du respect que l'on a en Espagne pour ces sortes de talent.

Mais en quoi tout cela change-t-il la nature, l'organisation, les mœurs, les goûts de la nation? En rien absolument. C'est ainsi que, d'un côté, nous ne pouvons nous empêcher de convenir qu'il existe en Espagne des hommes hautement capables, et que, de l'autre, vous vous étonnez d'entendre crier aux réformes, bouleverser l'ordre établi, faire couler des ruisseaux de sang au nom d'un peuple souverain en guenilles, qui ne sait pas ce que c'est que des réformes , qui n'en a nul besoin , et qui , après les avoir demandées aujourd'hui , les rejetera demain , au prix de sa vie , sous l'influence d'un nouveau meneur qui pensera différemment, ou qui aura d'autres intérêts.

Cependant, nous ne pouvons qu'en convenir tout en s'abrutissant d'un côté, à l'endroit des mœurs, le peuple espagnol a goûté du fruit défendu; il a joui, quoiqu'à bâton rompu, plus que de liberté , de licence. Charles V, montât-il sans opposition sur le trône, il ne retrouverait plus le même peuple.

De ce fait, que nous croyons incontestable, il pourrait nous revenir un avantage positif, celui de voir l'Espagne gouvernée par des institutions analogues aux nôtres. Nous ne pourrons que mieux compter sur ses sentimens fraternels; mais persuadons-nous bien que ni elle ni nous ne parviendrons jamais à ce but, qu'autant que nous finirons de comprendre que, loin de l'encourager à donner tête baissée dans les extrêmes, il est de notre intérêt de la prémunir contre les suggestions de sa propre imagination, contre l'effet de la pompeuse diction espagnole ; car c'est un fait, la superbe prosodie de la langue produit des effets quelquefois fabuleux. L'harmonie d'une belle période, arrondie avec art, suffit souvent pour mettre en honneur le plus insoutenable paradoxe, au moins jusqu'à plus ample examen.

Ordre, méthode, calme, modération, force et appui au gouvernement; hors de là, point de salut pour l'Espagne.

L'ALGÉRIE.

Ici, nous l'avouons, nous nous sentons plus timides, quoique pénétrés d'une conviction tout aussi profonde qu'au précédent chapitre. Nous savons d'avance que nous serons encore moins goûtés.

Cependant, que voulons nous en Afrique? Prétendons-nous devenir Africains? Non; nous voulons que les Africains deviennent des Français; ou, ce qui revient à peu près au même, qu'ils se laissent civiliser au point que nous puissions vivre à côté les uns des autres, au milieu les uns des autres, dans des relations sociales de commerce, d'amitié; en un mot, dans une parfaite communauté d'intérêts; et pour ce, les Maures conserveront leurs mosquées, les chrétiens élèveront leurs églises; ils oublieront que nous sommes allés chez eux pour changer leur nature, leurs mœurs, leurs habitudes, qui sont des plus vieilles sur la terre; ils oublieront que nous sommes des chiens de chrétiens; nous, nous oublierons qu'ils sont des chiens de musulmans; ils passeront l'éponge sur les traces des boulets et autres souvenirs flatteurs de l'attaque; nous, nous la passerons sur les têtes coupées, et les assassinats de la défense; ils auront leurs harems ; nous, nos ménages ; leurs chameaux passeront paisiblement en caravane , à côté de nos chaises de poste, et peut-être de nos locomotives ; ils nous céderont une partie de leur pays, et, en échange, nous leur apprendrons à être académiciens , recteurs, avocats, notaires, peintres, musiciens, comédiens, tailleurs et marchandes de modes ; nous y importerons la pâte minérale de Pradier, pour faire couper les rasoirs, et bien d'autres pâtes, toutes aussi utiles , sans compter nos pastilles du sérail , dont le secret leur est à coup sûr inconnu.

Nous ne savons pas exprimer nettement ce que nous pensons des incompatibilités innombrables qui rendent impossible le problème de l'Algérie, tel que nous entendons le résoudre ; mais elles nous semblent invincibles. Les Musulmans aussi voulurent jadis nous civiliser ; eux aussi nous apportèrent les arts et les sciences, l'agriculture et le commerce ; et de fait, ils parvinrent à établir leur domination en Espagne, pendant près de huit cents ans ; cependant, malgré la sanction donnée par huit siècles à leurs prétentions, ils durent finir par y renoncer. Pourquoi ? parce qu'ils étaient restés Arabes au milieu des chrétiens, tout comme les chrétiens étaient restés eux-mêmes au milieu des Arabes. Cette raison est peut-être plus forte que la chute de l'empire des califes, et que les divisions, les haines et l'ambition des chefs musulmans. Cependant nous admettrons volontiers tout ce que des causes rares peuvent présenter d'atténuant pour diminuer la valeur des faits, pourvu que l'on reconnaisse de bonne foi que, s'il est possible de les prévoir, nous paraissons ne pas nous en soucier. Du reste, il serait peut être inutile de se creuser l'imagination pour aller chercher des obstacles phénoménals à la réalisation de nos projets en Afrique; mais, en supposant qu'il n'y en ait pas un qui ne soit prévu, et que nous ne puissions surmonter, nous avons à cet égard un grand sujet de réflexion dans l'indifférence avec laquelle l'Angleterre voit nos prétentions de ce côté; qu'elle se taise parce qu'elle pense qu'elle perdrait son temps à ne pas se taire, c'est possible; mais convenons que ce n'est pas probable. Serait-ce parce qu'elle n'aurait rien à perdre ou à risquer en nous laissant devenir puissans en Afrique?

Ici, nous entendons nous répondre, qu'eût-elle cent fois plus de risques à courir, l'Angleterre ne se hasarderait pas à s'opposer à nos volontés; mais, qu'au surplus, les temps de jalousie, de rivalité, et d'autres motifs de dissention avec nos voisins d'outre-mer, sont passés et ne se reverront plus que dans l'histoire; il n'existe plus de rivalité possible entre les deux terribles voisines, qu'aux chapitres des bateaux à vapeurs, des chemins de fer, et peut-être de chaudières crevées.

Ainsi soit-il.

Laissons les Anglais pour un moment, et reve-
nous aux Arabes qui, certes, peuvent les laisser
aussi, c'est-à-dire se passer de leurs personnes,
si ce n'est tout à fait de leur poudre et de leurs
canons.

Donc, les Arabes doivent devenir des Français, ou quelque chose d'approchant, non pas
en France, mais en Afrique. L'imagination s'y
perd, la raison est confondue, n'osant plus être
raison en présence d'une telle prétention. Certainement il ne serait pas difficile de trouver un
Africain, dix, vingt, organisés de telle manière
qu'ils pussent devenir Français, ou tout autre
chose qui ne soit pas d'Afrique ; mais une nom-
breuse nation composée elle-même d'une infini-
nité de races, peuples et tribus ; une nation de
dromadaires et de caravanes, devenir une nation de houille et de chemins de fer ! Que l'on
nous le permette, nous le croyons impossible ; et
à cet égard, nous osons nous appuyer sur l'histoire. Charles V, monarque puissant, guerrier,
entreprenant, n'a pas cru que les Africains pussent faire bon ménage, même avec des Européens de son temps, que nous autres modernes
surpassons, comme chacun sait, de trois siècles
de découvertes et de progrès. Or ; Charles V,
n'était pas moins sage que puissant, s'il re-
nonça à la conquête de l'Afrique, ce ne fut
pas certes, pour avoir échoué, il savait trop bien
ce que c'est que les élémens, et une affaire mal

débarquée, laquelle est toujours cent fois pire qu'une mal embarquée; ses motifs furent de toute autre nature.....

Cependant on ne saurait contester l'intérêt qu'offre à la France la colonisation de l'Algérie ; mais plus cet intérêt est grand pour nous, plus les Anglais en ont à l'empêcher. Jusqu'à présent ils ne s'y sont pas opposés ouvertement, parce qu'ils voient que l'entreprise présente tout naturellement assez d'obstacles pour rendre superflue une opposition manifeste. Croire que l'Angleterre puisse voir, d'un œil indifférent, la France faire une telle conquête, ce serait s'aveugler fort gratuitement sur les intérêts de sa voisine ; elles peuvent très-bien en avoir qui leur soient communs par circonstance ; mais une alliance momentanée, dictée par un calcul de prudence ne prouve en aucune manière une longue durée de rapports amicals. Toutes les fois que les Anglais le pourront, ils épouseront au moins en apparence nos intérêts, et entrerons dans nos vues afin de modifier nos plans et de détourner l'effet de nos efforts de leur véritable but. Rien n'est plus sage ni plus sainement politique ; cela vaut cent mille fois mieux que de s'en remettre aux chances de collisions hasardeuses. La conduite de l'Angleterre, à cet égard, est mesurée, pour ainsi dire, sur la longueur de son bras comparée à sa force musculaire. L'Angleterre est forte, mais elle en a grandement besoin. Elle connaît sa puissance, mais elle sait qu'il faut la ménager, loin de l'user en efforts superflus.

Nous ne nous lasserons pas de le répéter, la colonisation de l'Afrique du nord, en nous offrant un accroissement de territoire et de richesse d'un côté, et de l'autre une augmentation de puissance maritime, ne peut qu'être un objet d'inquiétude pour notre voisine ; son gouvernement nous laisse faire tranquillement, vu que la situation de nos affaires n'y est pas inquiétante pour lui.

En effet, ce que nous gagnons d'un côté, nous le perdons de l'autre.

Nos soldats y souffrent plus du climat que de la guerre.

Nos colons sont assassinés, lorsqu'ils ont le moins de motifs pour s'attendre à être massacrés.

Impossible de compter sur la foi des indigènes qui se joignent à nous. Eux-mêmes, ils ne sont les maîtres de nous la garder, qu'autant que nos soldats sont à portée de les protéger ; dès que cela n'a plus lieu, il ne leur reste qu'à nous trahir pour se racheter d'avoir embrassé notre cause.

La Religion y est un ennemi invincible, car peu de Musulmans renieront leur prophète à sa face, et tous ceux qui ne le renieront pas seront nos ennemis en disponibilité.

Or, l'Angleterre sait et voit tout cela, pourquoi se mettrait-elle en frais pour manifester une opposition inutile à nos projets africains.

S'en suit-il que nous devions y renoncer? Non, si nous sommes en état de faire un grand effort, en enlevant le pays d'emblée, et refoulant ses habitans actuels dans le désert; oui, si nous ne pouvons que temporiser comme jusqu'ici; si nous pouvons nous mettre en lieu et place des indigènes, en sorte que le pays devienne essentiellement français, nous devons le tenter; dans le cas contraire, nous devons nous borner à posséder les points qui nous appartiennent sur la côte. Ce n'est que par une telle entreprise que nous pourrons voir jusqu'à quel point les Aglais peuvent y rester indifférens.

Mais en ce cas, cet inconvénient prévu ne pourrait pas être considéré comme une difficulté insurmontable, et la chose vaudrait, pour le coup, la peine que l'on courût quelques risques; nous n'aurions pas même à nous reprocher l'usurpation, bien que cela en fût une, par la raison qu'il en surgirait des bienfaits pour l'humanité. L'Europe se serait agrandie de la conquête de la France. Le pied à terre serait bien autrement hospitalier; le monde civilisé se serait agrandi; cette partie de l'Afrique n'en conserverait plus le nom que pour l'histoire et le roman; le voisinage permanent des Européens ne pourrait qu'influer insensiblement sur le caractère et les mœurs des Africains; nos usages, notre langue, nos goûts même finiraient par être d'abord singés, et peu à peu imités.

Oh ! oui, ce serait un beau rêve réalisé, et la France ne pourrait qu'acquérir des droits éternels à la reconnaissance de l'Europe, si ce n'est de l'Angleterre.

Car l'Angleterre n'appartient pas au continent, et ne saurait pas faire partie de l'Europe pour la communauté d'intérêts. Non, la nature le lui a défendu et il ne serait pas même juste de lui en vouloir ; ce serait peut-être le problème le plus difficile à résoudre que d'imaginer des avantages démontrés pour le continent, sans que l'Angleterre n'en fût froissée dans le présent ou dans l'avenir ; c'est donc une condition d'existence pour la Grande-Bretagne que de ne pas se montrer infiniment zélée pour les prospérités continentales.

Il ne serait pas étonnant qu'elle fît, le cas échéant, en Afrique, ce qu'elle a fait en Espagne lors de la guerre de l'indépendance. Elle commencerait par y débarquer des fusils et de la poudre, et finirait par y transporter des bataillons et des escadrons. Il est vrai que tout cela ne retarda pas nos progrès en Espagne, et il faut espérer qu'ils n'en seraient pas plus arrêtés en Afrique. Les mêmes causes produisent les mêmes effets, les phénomènes à part, assez rares, du reste, en terre ferme, en tout temps et en tous lieux. Alors nous finîmes par tout occuper, et nous aurions tout gardé, sans la soustraction faite à nos forces par le besoin de les porter ailleurs. Dans le cas présent, une telle éventualité étant hors de toute probabilité, nous allions presque dire impossibilité, nous ne serions plus exposés aux mêmes résultats. L'intérêt de la France étant ici celui de l'Europe, il y a à parier que les Anglais ne parviendraient pas à nous y susciter des ennemis pour diviser nos forces.

Ce n'est qu'envisagé ainsi que le projet de colonisation pourrait être complètement exécuté. Le continuer autrement, c'est prétendre y parvenir par la crainte, ou avec l'agrément des indigènes. Or, nous n'aurons cet agrément que tant que nous serons en état de leur imposer. Pour cela, il faut y maintenir indéfiniment une force respectable qui doit être recrutée régulièrement, sans quoi, ce serait fait d'elle.

A côté de cet inconvénient, il s'en présente un autre; ce serait une injustice que de condamner des corps à servir perpétuellement en Afrique. Or, les nouveaux débarqués se trouvent sur un terrain inconnu. En vain les anciens leur donnent-ils tous les renseignemens qui en facilitent la reconnaissance ; la théorie est excellente, mais ne conduit pas tout d'abord aux résultats que donne la pratique. C'est une école, une étude à faire : on va en calculant à tâtons, on n'est pas sûr de soi, et effectivement on rencontre des inconvéniens.

Remarquons que cette observation concerne spécialement les chefs et les officiers.

On sent malgré soi que, par un tel procédé,

la colonisation serait l'affaire d'un siècle , c'est-
à-dire que nous aurions devant nous la perspective de cent ans de guerre , de conflits, de guet-
apens , d'assassinats , sans celle du moindre dé-
dommagement à tant de sacrifices.

Car, pour l'agrément qui pourrait nous revenir de là bonne volonté ou de l'affection des
Maures , certes, il n'est pas une tête sensée qui
puisse le poser comme base d'un succès. A titre
de quoi nous l'accorderaient-ils ?

— Nous prenons la peine d'aller les civiliser.

— Très-bien ; mais ils ne veulent pas de notre
civilisation, ils se croient assez civilisés comme
cela.

— Nous leurs portons des connaissances utiles.

— Ils se croient aussi connaisseurs que nous.

— Nous leur portons les produits de notre prodigieuse industrie ; nous allons chercher les productions de leur pays favorisé de la nature,
nous allons leur proposer un commerce avan-
tageux.

— Ils aimeraient mieux venir sur leurs mys-
tics prendre nos produits dans nos ports du midi ,
et y déposer leurs délicieuses productions. Ce
commerce leur plairait infiniment plus.

Personne ne croit de bonne foi à la possibilité
d'une harmonie stable avec les Français conqué-
rans et les Maures conquis. Que nous nous fas-
sions des amis en Afrique ; qu'une fois qu'ils se
sont donnés à nous , ils tiennent à nous par inté-

rêt, ou parce qu'étant compromis, ils ne sau-
raient faire autrement, c'est très-bien ; mais con-
clure de là que toutes les provinces accepteront
notre domination et se résigneront à rester indéfiniment conquises, ce serait méconnaître la
nature humaine, et en particulier les races afri-
caines. Voyez plutôt les quelques individus qui
viennent en France ; examinez leurs traits, leurs
regards, leur allure, et demandez-vous comment
de tels hommes pourraient vivre en famille avec
des Français ? Du reste, c'est connu, le Maure
est astucieux, cauteleux, calme, patient, fourbe,
dissimulé, menteur, effronté ; inutile d'ajouter
que c'est l'être perfide pétri par les mains de la
nature. Il couvera dans son cœur sa haine contre
vous pendant des années, sans que vous vous
doutiez qu'il est votre ennemi implacable, et ce
ne sera qu'au moment où vous vous y attendrez
le moins que vous l'apprendrez à vos dépens.

Ne comptons donc sur aucune sécurité que tant
que nous serons les plus forts ; c'est-à-dire, res-
tons-y toujours armés, mais armés en force, et
ce sera tout au plus si nous obtenons même ainsi
de jouir en paix du fruit de notre conquête. Est ce
là le résultat que nous attendions de nos nombreuses expéditions, de nos armemens, de nos
combats et de tant de sang répandu ? Non ; mais
c'est précisément parce que la conquête nous a
tant coûté, que ce serait douloureux d'y renoncer, et que nous n'y renoncerons pas.

D'accord; mais, en ce cas, mieux vaut frapper un de ces coups qui nous ont été si familiers. Chasser tout devant nous; châtier la perfidie de l'insolent vagabond intitulé l'émir; étendre les frontières de l'Europe; occuper la place des infidèles, la peupler de nos concitoyens, et les armer pour qu'ils la défendent. Hors de là , point de gloire : des intérêts négatifs, des sacrifices inutiles !

Quand on a parlé à la postérité du sommet des Pyramides, et qu'on a foulé la poussière de Thèbes et de Memphis , quelle importance peut-on attacher à obtenir des avantages assurés par l'intrépidité de nos soldats et la supériorité de notre discipline ?

L'Orient.

Il y a dans le coin de notre Daguerrotype une confusion dans laquelle il est impossible à nos pauvres lunettes de rien démêler de clair et de précis, qu'une chose, savoir : qu'étant le point le plus éloigné de nous, c'est nonobstant celui que nous sommes le plus intéressés de connaître à fond. Cependant, nous croyons savoir de quelles parties il se compose : c'est une question à résoudre d'après des données à peu près évidentes. Nous les présentons au lecteur telles que nous les concevons, et nous nous gardons bien de nous ériger en prophètes, bien que nous reconnaissions humblement qu'à cet endroit on pourrait, sans injustice, nous croire un tant soit peu Jérémie.

QUESTIONS A RÉSOUDRE

DONNÉES.

La Porte-Ottomane incapable de se relever.

Méhémet Ali, seule puissance en état d'empê-cher la chute de l'empire Ottoman ;

Méhémet-Ali trop vieux ;

Ibrahim pacha, son fils, héritier de sa puis-sance, essentiellement homme de guerre ;

La Russie marchant à pas de loup, mais inva-riablement à son but ;

Cosrew pacha, meneur de la chose ottomane, tout dévoué à la Russie, et ennemi personnel de Méhémet-Ali ;

Incompatibilité de vues de la France et de l'Angleterre ;

Souvenir de la bataille de Navarrin ;

Prédiction hypothétique de Napoléon : « Si la Russie met un pied à Constantinople, et, et fai·sant un pas oblique, l'autre à Calais, a dieu l'Eu-rope !...

Solution. . . . .
. . . .
. . . .
. . . .

FIN.

Imprimerie de P. BAUDOUIN, rue Mignon, 2.

www.ingramcontent.com/pod-product-compliance
Ingram Content Group UK Ltd.
Pitfield, Milton Keynes, MK11 3LW, UK
UKHW021003120726
13693UKWH00004B/1767